TRIDUUM SOLENNEL

DANS L'ÉGLISE NOTRE-DAME DE VERSAILLES

Les 28, 29, 30 Novembre 1894

EN L'HONNEUR DU

Bienheureux DIÉGO-JOSEPH de CADIX

Prêtre de l'Ordre des Frères-Mineurs Capucins,

Mort en 1801 et Béatifié par Léon XIII le 22 Avril 1894

Les Exercices auront lieu les

Mercredi 28, Jeudi 29, Vendredi 30 Novembre

Mercredi 28. — Le matin, à 9 h., ouverture solennelle du Triduum, grand'messe en l'honneur du Bienheureux, célébrée par M. le curé de Notre-Dame, et chantée en musique par la maîtrise, avec le concours de la fanfare du pensionnat St-Joseph des Frères. Après l'évangile, allocution par le R. P. Flavien, des FF. Min. Capucins. Le soir, à 8 h., cantique, panégyrique du Bienheureux, par le R. P. Léon, des FF. Min. Capucins, secrétaire provincial. Salut solennel chanté par les élèves du Petit Séminaire de Versailles et présidé par M. le chanoine Chaudé, vicaire général.

Jeudi 29. — Le matin, à 9 h., grand'messe célébrée par le T. R. P. Benoît-Joseph, gardien du couvent de Versailles, et chantée en musique par la maîtrise, avec le concours de la fanfare du pensionnat St-Nicolas, des Frères d'Igny. Allocution par le R. P. Flavien. Le soir, à 8 h., cantique, panégyrique du Bienheureux par le R. P. Léon. Salut solennel chanté par la maîtrise, et présidé par M. le chanoine Groux, archiprêtre de Saint-Louis.

Vendredi 30. — Le matin, à 9 h., grand'messe célébrée [par] le T. R. P. Timothée, ministre provincial des FF. [Ca]pucins de la province de Paris, et chantée par [la maîtri]se. Allocution par le R. P. Flavien. Le soir, à [8 h., can]tique, panégyrique du Bienheureux par le [R. P. Léo]n. Salut solennel chanté par les élèves du col[lège] des RR. PP. Eudistes de Versailles, et [présidé] par M. le chanoine Goux.

NOTICE

SUR LE BIENHEUREUX

DIÉGO-JOSEPH DE CADIX

Prêtre de l'Ordre des Frères-Mineurs Capucins

MORT EN 1801

BÉATIFIÉ PAR LÉON XIII, LE 22 AVRIL 1894

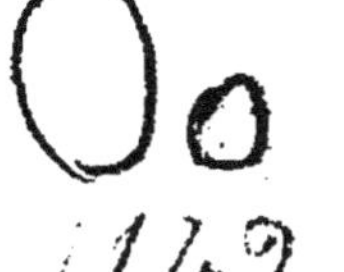

VERSAILLES

IMPRIMERIE LOUIS LUCE

7, RUE SAINT-PIERRE, 7

1894

A JÉSUS-CHRIST

*Roi immortel des siècles, Source de la Sainteté
et de la Béatitude*

A MARIE

Reine des Bienheureux

A SAINT FRANÇOIS

Père d'une nombreuse famille de Bienheureux

A LÉON XIII

*Enfant de saint François,
Proclamant les Bienheureux*

La piété filiale offre cet opuscule en signe
d'amour, de reconnaissance et d'inaltérable dé-
vouement.

———

Avec approbation des Supérieurs

———

Imprimatur

Versaliis, 22 novembre 1894.

A. DUTILLIET, *vic. gén.*

LE BIENHEUREUX
DIÉGO-JOSEPH DE CADIX

Prêtre de l'Ordre des Frères-Mineurs Capucins

NÉ EN 1743, MORT EN 1801

BÉATIFIÉ PAR LÉON XIII, LE 22 AVRIL 1894

Le Bienheureux naquit à Cadix, le 30 mars 1743 et fut baptisé le 2 avril suivant dans l'église cathédrale. Au baptême, il reçut les noms de Joseph-François-Jean-Marie. Ses parents, Don Joseph Lopez Caamano et Dona Maria Garcia Perez de Rendon, étaient de noble extraction et fort considérés à Ubrique, où ils résidaient. Sa pieuse mère l'avait longtemps demandé à Dieu, et l'on peut dire qu'il fut vraiment l'enfant de la prière. Dona Maria avait manifesté le pieux désir d'assister aux cérémonies de la Semaine Sainte, particulièrement solennelles à Cadix et son mari l'y avait conduite. Elle y fut prise des douleurs de l'enfantement; ainsi nous est expliqué comment et pourquoi Diégo-Joseph naquit à Cadix.

L'enfant reçut dans sa famille une éducation profondément chrétienne, à laquelle il répondit pleinement. Interrogé sur ce qu'il voulait être plus tard, jamais il ne parla de carrières mondaines. « *J'ai bien envie d'être religieux,* » répondait-il simplement.

Il ne donna pourtant pas à présager d'abord qu'il serait plus tard un grand missionnaire, un éloquent prédicateur, universellement applaudi. Sa mémoire était ingrate, son intelligence tardive, sa parole embarrassée. A cela s'ajoutait un défaut de langue, l'empêchant de prononcer certaines consonnes. Les divers maitres chez lesquels il fut placé, le rendirent successivement à ses parents, comme incapable. Cet état de choses fut pour lui l'occasion d'humiliations sans nombre, soit de la part de ses maitres, qui croyaient d'abord à la paresse ou à l'inapplication, soit de la part de condisciples sans pitié. Le petit écolier ne se laissa pourtant jamais aller ni à l'envie, ni à l'impatience, ni au découragement.

Rentré dans sa famille, vers l'âge de treize ans, il se mit à fréquenter l'église des Capucins d'Ubrique. Son bonheur était de servir la messe, d'y assister à l'office, et d'y passer de longs instants en prière. Les religieux l'accueillaient volontiers dans le couvent. On remarqua qu'il allait de préférence, non pas avec ceux qui se montraient les plus prévenants à son égard, mais avec les plus pieux, les plus recueillis, alors même que ceux-ci ne faisaient rien pour l'attirer; son âme candide les devinait.

Parmi ces derniers était un vieux et saint Frère, dont le nom mérite de passer à la postérité : Frère Julien d'Ubrique. Dans ces entretiens continuels avec Dieu, le bon religieux avait-il eu l'intuition des destinées du jeune Caamano ? On l'ignore. Toujours est-il qu'avec l'enfant le frère silencieux se départait de ses habitudes austères. Et l'enfant écoutait tout ravi ce vieillard lui parlant de Dieu, de l'honneur qu'il y a de le servir, du bonheur que l'on goûte à le prier. Si le Frère s'arrêtait : « Encore, frère Julien. disait le jeune Diégo, encore, pour l'amour de Dieu! » Et le bon vieillard, tout attendri reprenait le cours de ces pieux entretiens.

Frère Julien eut un jour la bonne inspiration de lui prêter les vies de saint Fidèle de Sigmaringue et de saint Joseph de Léonisse, tous deux de l'ordre séraphique. L'enfant les lut avec une sainte avidité. Dieu se servit de cette lecture pour l'éclairer sur sa vocation. « Je serai missionnaire capucin, dit-il un jour à ses parents étonnés. « Vous, missionnaire ? ne purent-ils s'empêcher de s'écrier; mais vous ne savez seulement pas parler ! D'ailleurs, dans l'Ordre pauvres des Capucins, tous les sujets doivent pouvoir se rendre utiles d'une façon quelconque. Et vous, avec votre infériorité, à quoi seriez-vous bon ? Si vous voulez être religieux, ne choisissez pas un ordre mendiant, allez dans un monastère riche où vous pourrez vivre tranquillement, sans être à charge à personne. » — « Et pourtant, répondit Diégo sans se troubler, je veux être missionnaire capucin. »

Vaincu par la persévérance de son fils, don Caamano vint le présenter aux supérieurs du couvent d'Ubrique; et ceux-ci, selon l'usage, soumirent le postulant à un examen qui ne lui fut pas favorable. Son peu d'études, son infériorité dans la langue latine. ses défauts de prononciation, le firent refuser. Une seconde tentative, quelques mois plus tard, n'obtint pas un résultat plus favorable. La famille Caamano était profondément humiliée de ces échecs; l'enfant en était attristé, mais n'en paraissait pas découragé. Il se retirait dans son petit oratoire, se prosternait la face contre terre, et à travers ses larmes et ses sanglots on l'entendait répéter : « Mon Dieu, mon Dieu, enseignez-moi, Vous, et j'apprendrai. »

A quelque temps de là, le jeune Caamano pria son père de le présenter encore une fois aux supérieurs des Capucins. Le père, redoutant l'humiliation d'un troisième insuccès à Ubrique, conduisit son fils aux Capucins de Séville, qui l'admirent après un examen satisfaisant.

L'heureux postulant fut revêtu du saint habit, le 15 novembre 1757, étant âgé de quatorze ans et huit mois. Après seize mois et demi d'un fervent noviciat, il fut admis à la profession, le 31 mars 1759, le lendemain du jour où il avait accompli sa seizième année. Lors de sa prise d'habit, on lui avait donné les noms de Diégo-Joseph.

Ordonné prêtre le 3 juin 1767, l'humble capucin fut, peu à près, destiné par ses supérieurs au ministère de la prédication, dans lequel il obtint aussitôt des succès étonnants. Au lieu de le consoler, ses succès l'affligèrent : le jeune missionnaire se croyait incapable et indigne d'annoncer l'Evangile.

Celui qui l'encouragea le plus à ses débuts, fut le P. Antoine Guerrero, dominicain, professeur d'éloquence au collège de Séville. Etant venu passer quelques semaines à Ronda, où le P. Diégo prêchait, il entend dire des merveilles de ce jeune capucin. Il s'informe de son nom de famille. « C'est le P. Caamano, lui est-il répondu. » — « Caamano ? s'écrie le dominicain tout étonné. J'en ai connu un de ce nom au collège : mais le prédicateur dont on fait l'éloge ne peut être le même, à moins d'un miracle de premier ordre. » Pour résoudre son doute, le dominicain va le soir au sermon du P. Diégo. Quinze ans s'étaient écoulés depuis que les deux anciens condisciples ne s'étaient vus. Malgré cela, Antoine Guerrero n'a pas de peine à reconnaître Joseph Caamano, sous le costume et la barbe du capucin. Ému et ravi, le dominicain, aussitôt le sermon fini, va à la sacristie pour y attendre le prédicateur et lui offrir ses plus sincères félicitations. Après avoir cordialement embrassé son ancien compagnon de classe : « Tu le vois, mon cher ami, lui dit Diégo, il n'y a rien de moi ; mais Dieu s'est plu à agir en moi et par moi, pour que l'on comprenne mieux que c'est Lui qui fait tout ; puis il ajouta : Je sens tellement mon incapacité et mon manque de vertu, que la seule pensée d'avoir à monter en chaire, me fait frissonner d'épouvante. » Le P. Guerrero l'encouragea fortement à continuer un ministère auquel visiblement Dieu l'appelait, et lui recommanda spécialement l'oraison, sans laquelle il ne peut y avoir que des déclamateurs et non de vrais apôtres.

Le bienheureux fut réconforté et se résigna à continuer ses travaux si pénibles. Mais un soir, voulant réunir ses idées pour un sermon du lendemain, aucune ne répondit à son appel. Souvenir de ses études philosophiques et théologiques, réminiscences littéraires, scripturales ou hagiographiques, tout demeurait dans la nuit d'un oubli complet. Avec la simplicité d'un petit écolier, il va de nouveau trouver le P. Guerrero, et lui expose son embarras. « Vous n'avez qu'une chose à faire, lui répondit le sage et pieux professeur, c'est de vous mettre en oraison aux pieds de votre crucifix. Et demain, prêchez simplement ce que vous aura dit votre crucifix. » Le lendemain, le P. Guerrero ne manqua pas d'assister au sermon du capucin; jamais il n'en avait été aussi satisfait.

Les hésitations et les terreurs de l'humble prédicateur revinrent quelque temps après, plus poignantes que jamais. Une nuit, il priait seul, dans l'église du couvent de Xérès. Découragé, il suppliait avec larmes le Tout-Puissant de lui faire assigner par ses supérieurs un autre emploi que celui de missionnaire. Soudain, le Sauveur lui apparaît tout courbé sous le fardeau de sa lourde croix; il chancelle comme s'il allait se laisser tomber. Prompt comme l'éclair, Diégo s'élance pour le soutenir. « Seigneur, s'écrie-t-il, qu'est-ce que ceci et pourquoi voulez-vous tomber? » — « Eh! ne faut-il pas que je tombe, lui répond Jésus, puisque toi que j'avais choisi pour me soutenir, tu songes lâchement à m'abandonner, au grand détriment de mes pauvres brebis égarées! » Aussitôt la vision disparut, laissant le pauvre Père profondément humilié de ses craintes pusillanimes.

Une autre fois, le Christ lui apparut, ayant pour assesseurs saint Pierre et saint Paul, et il lui dit : « Courage, mon fils, tu prendras place désormais parmi mes Apôtres, et je t'établis prédicateur de mes Mystères divins. »

A partir de ce moment, le pieux missionnaire se mit à prêcher avec ardeur aux habitants des villes et des campagnes, aux grands et aux petits, partout, dans les églises et sur les places publiques, quand les temples étaient trop petits pour contenir la foule. Les bourgades et les cités qu'il évangélisa gardèrent vivant le souvenir de celui qu'elles acclamaient comme l'oracle de l'Espagne et l'apôtre du dix-huitième siècle. Aujourd'hui encore les pratiques de piété qu'il aimait à établir sont conservées dans les paroisses et dans les familles : la récitation du chapelet en commun, l'invocation à la Sainte Trinité, le chant des cantiques de mission à la *Divina Pastora*, et surtout le chant de ce *Perdon, o Dios mios !* où semble passer encore toute l'ardeur de cet acte de contrition, qui, à la fin de chaque sermon du célèbre prédicateur, terrassait la foule, déchirant les cœurs et arrachant des larmes aux yeux les plus insensibles.

Dieu qui résiste aux superbes et exalte les humbles, voulut glorifier de son vivant le pauvre capucin. Il eut des jours de triomphe, et les honneurs que lui rendirent ses contemporains pouvaient paraître une canonisation anticipée. Les foules lui faisaient des ovations à son arrivée, et le pleuraient à son départ ; les grands et les savants s'abaissaient devant lui et les corps constitués lui conféraient les titres les plus glorieux. Il était aumônier royal honoraire de la marine espagnole, prédicateur de Sa Majesté, membre de toutes les académies, docteur de toutes les universités, chanoine de plusieurs cathédrales et même *alcade* ou maire honoraire de quelques villes. Et, depuis sa mort, l'Église, dans les divers décrets rendus pour sa béatification, l'a appelé le *gloire de la parole divine*, le *nouveau saint Paul, l'homme envoyé de Dieu*. Le Pape Pie VI, pour récompenser ses mérites et favoriser son apostolat, lui accorda le pouvoir de donner 150 jours d'indulgences aux fidèles présents à ses sermons et le pouvoir pontifical de répartir 5000 indulgences plénières à son choix dans le cours de ses missions. Les plus grandes villes d'Espagne inscrivaient le P. Diégo au nombre des vingt-quatre chevaliers de la cité, et aux diocèses qui le voulaient pour évêque, Charles III avait dû répondre : « Il est l'évêque de tout le royaume. »

La gloire humaine est vide, elle ne laisse après elle qu'un retentissement inutile. L'humble religieux ne l'ignorait pas : aussi, disait-il en souriant, à l'un de ses admirateurs enthousiastes : « Vous savez, mon cher ami, de quels honneurs immérités on écrase un *pauvre âne.* »

On demandait un jour au serviteur de Dieu ce qu'il pensait intérieurement, quand il voyait les multitudes accourir sur son passage et l'acclamer avec transport. « Je dis alors tout bas, au Seigneur : Pourquoi tant de vent, pour si peu de poussière ! »

Toutes les autres vertus qui ont pour fondement l'humilité ont brillé d'un tel éclat dans le Père Diégo, que les rappeler ici sommairement ne sera ni sans profit, ni sans intérêt pour le lecteur.

Dès son enfance et pendant toute sa vie religieuse, il fut un modèle de perfection. Sa piété filiale envers la Sainte Vierge lui mérita des faveurs exceptionnelles. Il ne pouvait entendre prononcer le nom de Marie sans être ému jusqu'aux larmes, et quand il publiait les louanges de la Reine des Vierges, il tombait souvent en extase. Il ne voulait point laisser passer une seule heure sans saluer sa Mère du Ciel : s'il manquait à cette pieuse pratique, il chargeait ceux qui étaient avec lui de l'en avertir, et interrompait aussitôt ses discours, ses conversations ou ses autres travaux pour réparer son oubli.

Comment dépeindre son amour pour le Dieu du Tabernacle et du Calvaire ? Il tirait les larmes des yeux de tout son auditoire, quand à la fin de ses sermons, il baisait son Crucifix, lui adressant avec ardeur ses protestations d'amour. « On ne peut résister à ce Père, disaient les pécheurs les plus endurcis, lorsqu'il a son Crucifix à la main. »

Il répétait souvent cette fervente prière : « O Jésus crucifié, je voudrais avoir mille bouches et mille langues pour vous faire connaître et aimer davantage ; mais du moins, faites que par mes paroles, je puisse convertir beaucoup d'âmes et attirer à Vous ceux que vous avez rachetés de votre sang précieux. O mon Jésus, je brûle du désir de Vous voir aimé, adoré, béni par tous les hommes, dans les siècles des siècles ! »

« Mon Dieu, disait-il encore, je vous aime : je suis, il est vrai, un pauvre ver de terre, mais vous réclamez l'amour des créatures les plus misérables. Je vous aime, ô Jésus, je vous aime, Vous êtes mon Bien-aimé ! »

Comme le Séraphin d'Assise, il vénérait les hommes revêtus du caractère sacerdotal. Rencontrait-il un prêtre, régulier ou séculier, il s'empressait d'aller au devant de lui et baisait avec esprit de foi, ses mains qui consacrent le corps et le sang de Jésus-Christ. Était-il appelé à prêcher devant des ecclésiastiques, il s'acquittait toujours de ce ministère redoutable à genoux et ne se relevait que lorsqu'il en avait reçu l'ordre. Un jour, deux prêtres Carmes le prièrent de bénir quelques chapelets. Le serviteur de Dieu fait d'abord le génuflexion devant ces religieux, baise avec respect leur habit, et donne ensuite les bénédictions demandées.

Tout à tous, il était compatissant pour les malades, les pauvres et les petits, plein de tendresse pour les pécheurs. L'ardent missionnaire était tellement enflammé pour le salut des âmes qu'il souhaitait sincèrement que sa vie se prolongeât jusqu'au jugement dernier, afin de sauver le plus de pécheurs possible.

Son obéissance fut admirable. La volonté de ses supérieurs était pour lui l'expression même de la volonté de Dieu. Il reçut un jour l'ordre de quitter immédiatement une ville dans laquelle il venait de prêcher, pour aller évangéliser une autre contrée. Les vents soufflaient avec violence, la neige tombait à gros flocons : l'Evêque du lieu fait tout pour le retenir, et, croyant apporter un argument décisif, lui dit : « Que va penser le peuple de la ville, en vous voyant partir par ce temps de bourrasque ? » — « Le peuple, répondit Diégo, pensera que je fais un acte d'obéissance, » et il partit immédiatement.

Sa mortification était continuelle : jeûnes, disciplines, cilices, enfin toute pénitence était recherchée par lui avec une sainte avidité. Au couvent, son lit était composé de deux planches posées sur deux tréteaux, avec deux tuiles pour oreiller. Dans les presbytères ou dans les évêchés, il dormait le plus souvent sur la terre nue, quelquefois sur une natte, deux ou trois heures seulement, car il profitait du silence de la nuit pour écrire ses lettres, préparer ses sermons, ou réciter son bréviaire. Avant l'aurore, on le trouvait à l'église, flagellant sans pitié sa chair virginale, célébrant les saints mystères ou faisant son action de grâces.

Il parcourut presque toutes les provinces de l'Espagne, pour prêcher des missions, allant toujours à pied, par les plus grands froids comme par les chaleurs excessives.

En dehors de ses repas, il ne se permettait

jamais de prendre le plus petit rafraichissement, même dans ses voyages les plus fatigants ou dans ses plus rudes travaux. Après ses sermons, quand il descendait de chaire tout couvert de sueur, il se contentait de boire un peu d'eau tiède, aimant mieux braver la sensualité que de la satisfaire.

Cet héroïque amant de la souffrance portait un collier en crin qui déchirait son cou. Une ceinture de fer et un cilice de fer ensanglantaient ses reins et ses épaules ; des bracelets de fer enserraient ses bras et ses jambes ; sur sa poitrine, une croix en fer armée de cinq pointes acérées lui rappelait sans cesse les cinq plaies du Sauveur. Tous ces instruments de tortures l'empêchaient de tenir la tête droite, et il fut quelquefois obligé de les enlever afin de pouvoir continuer ses pénibles courses apostoliques.

Riche de mérites et parvenu à sa cinquante-huitième année, le bienheureux devait mourir avant les grandes luttes de sa patrie contre la Révolution française.

Le 6 mars 1801, le bon Père sentant les premières atteintes de la maladie qui devait l'emporter, avait prédit l'heure et le jour de sa mort à un religieux, son confident et son ami intime.

Le 19 mars, en effet, jour de la fête de saint Joseph, le mal s'aggrave et l'oblige à s'aliter. Il se trouvait à Ronda, hors de son cher couvent, chez l'un de ses amis. Aux médecins qui prescrivaient les remèdes les plus efficaces et les plus énergiques, le P. Diégo disait avec calme : « Messieurs, ne vous inquiétez pas de moi, la dernière maladie est incurable ; » et puis, s'adressant à son infirmier : « Quel beau jour, frère Joseph, s'écriait-il, que celui de l'Incarnation, pour aller voir au Ciel son Dieu ! » A chaque instant il baisait pieusement son crucifix et lui adressait ces paroles : « O Jésus, mon doux Jésus, Vous, l'amour et le soutien de ma vie, vous savez que je vous aime. »

La veille de l'Annonciation, après avoir reçu les derniers sacrements, le malade prie son compagnon de lui lire la Passion du Sauveur. La lecture terminée, il demande humblement pardon au frère convers qui le soigne, de toutes les peines qu'il lui a causées, des mauvais exemples qu'il lui a donnés, et il ajoute : « Que le Seigneur vous récompense de votre charité à mon égard. Demandez à mes Supérieurs, ainsi qu'à tous mes frères, de me pardonner mes fautes et mes scandales ; dites-leur de prier pour le repos de mon âme. Et maintenant, mon cher frère Joseph, je vous demande, comme à mon Supérieur, la permission de quitter cette terre d'exil pour aller dans la véritable patrie. J'ai fait vœu d'obéissance, je veux mourir en obéissant, donnez-moi votre bénédiction. »

Peu après, il rendit son âme à Dieu. C'était le 24 mars 1801 : il était dans sa cinquante-huitième année de vie, dans sa quarante-troisième année de religion.

Ses funérailles furent magnifiques, et Dieu sembla vouloir commencer par là, le triomphe de celui qui avait toujours été un modèle d'humilité. Le concours du peuple fut immense, et des prodiges attestèrent bientôt et la puissance du saint missionnaire et la confiance de ceux qui l'invoquaient.

Le Pape Léon XIII, le 22 avril 1894, a mis au rang des Bienheureux l'humble capucin, qui combattit, à la fin du siècle dernier, le voltairianisme au moment où il essayait de franchir les Pyrénées.

Jamais peut-être à Rome, depuis 1870, cérémonie de béatification n'avait eu un tel éclat. Outre les pèlerins espagnols au nombre de treize mille, une foule immense, qu'on évalue à cinquante mille personnes, avait envahi la Basilique de Saint-Pierre. On remarquait, parmi les assistants, presque tous les cardinaux présents à Rome; à la tribune diplomatique, les représentants autorisés auprès du Saint-Siège; à la tribune des Souverains, la princesse Frédéric-Charles de Prusse, dont la conversion au catholicisme est annoncée comme prochaine; et dans la foule, des officiers, des marins, des personnages illustres et des hommes du peuple confondus dans une même foi et un même amour envers la personne sacrée du Pontife romain qui leur donnait au Ciel un nouveau patron.

Après la lecture des décrets de béatification, le *Te Deum* éclata sous les voûtes de la Basilique, tandis que les cloches annonçaient à la ville de Rome l'heureuse nouvelle.

La béatification du pauvre Capucin a été, en Espagne, un événement religieux de la plus haute importance. Les fêtes qui ont eu lieu à cette occasion ont été vraiment des fêtes nationales qui donnèrent au monde le spectacle d'un peuple entier, soulevé par l'enthousiasme, acclamant à l'unisson le nom du grand Missionnaire.

Unissons-nous, en France, aux démonstrations de foi et aux vivats qui ont éclaté de l'autre côté des Pyrénées; réjouissons-nous du triomphe de celui qui est la gloire de l'Espagne, la gloire de l'Église et de l'Ordre séraphique, et disons avec toute l'ardeur de notre âme : « Bienheureux

Diégo Joseph, protégez-nous, priez pour nous. Aidez vos frères d'armes, dans cette fin de siècle, à remporter des victoires semblables à celles qui couronnèrent vos combats à la fin du siècle dernier ! »

L. D. M. J. F. D.

CANTIQUES

EN L'HONNEUR DU

Bienheureux DIÉGO-JOSEPH

PAR LE R. P. LÉON, CAPUCIN

Sur l'air : *Nous voulons Dieu...*

A l'école du Tabernacle
S'est illuminé ton esprit;
Ta sagesse fut un miracle,
Ton seul Maître fut Jésus-Christ.

REFRAIN

Diégo, la sainte Église
Redit ton cri du cœur :
« *Dieu seul pour Maître : ma devise !*
« *Dieu seul pour Livre : mon bonheur !* » } bis

Pendant trente ans, le cœur en flammes,
L'extase au front et les pieds nus,
Tu fus pour tout un peuple d'âmes
Le Porte-Drapeau de Jésus.

Au siècle où régnait sur la terre
Une secte d'iniquité,
Partout tu prêchas le *Rosaire*,
La *Croix*, la *Paix*, la *Trinité*.

Plein d'un zèle que rien n'apaise,
Tu semais ton verbe de feu,
Jour et nuit, blessure et fournaise,
Tu saignais et brûlais pour Dieu.

Digne enfant de François d'Assise,
Au pied des autels, l'âme en pleurs,
Tu suivais le Pape et l'Eglise
Dans la geôle de leurs douleurs.

Diégo, fais de nous des apôtres
Et des séraphins comme toi ;
Tes adversaires sont les nôtres,
Pour vaincre, donne-nous ta foi.

AUTRE CANTIQUE

Air : *C'est le héraut du roi des rois.*

En face des vagues immenses,
Où se reflète un ciel de feu ;
Tout enfant, tu contemples Dieu,
Et d'instinct vers lui tu t'élances,

CHŒUR

Vive la Sainte-Trinité !
Diégo, ce fut jadis ton cri d'apôtre,
C'est ton chant dans l'éternité
Que ce cri d'amour soit le nôtre.

Le cœur d'une pieuse mère,
Les pauvres aimés de Jésus,
Double école de tes vertus :
Double livre de ta prière !

O miracle! dans la chapelle,
Dieu te révèle ses desseins,
D'anges vêtus en Capucins,
Au cloître le doux chant t'appelle.

Prêcheur, si ton verbe succombe
Sous le poids d'amours triomphants,
Toute blanche aux yeux des enfants,
Sur toi se pose une colombe.

En vain tu fuis l'aube première
Dieu trahit ton humilité;
Trois soleils d'égale beauté :
T'accompagnent de leur lumière.

Les trois adorables personnes
T'ont dit leur mystère divin :
Et, moins homme que séraphin,
A l'extase tu t'abandonnes.

Tu répands, vivant incendie,
Dans les âmes la charité,
Des splendeurs de la vérité
Par toi, l'Espagne s'irradie.

A ta voix s'enfuit la discorde;
La foudre se tait dans les cieux;
Les peuples récoltent, joyeux,
Les fruits de ta miséricorde.

Frappé par Dieu, ton cœur s'allume,
Ton courage aime la douleur :
Ne sais-tu pas que le bonheur
Se forge à grands coups sur l'enclume?

Les pauvres gens dans leurs chaumières,
Et les riches dans leur palais,
« A la Madone de la Paix »
Redisent, le soir, la prière.

Avec la Croix et le Rosaire,
(Armes des Forts ! trésors aimés !)
Pendant trente ans, sont acclamés
Grâce à toi, Jésus et sa Mère.

A notre peuple qui tressaille
Au souvenir de tes exploits,
Rends, Diégo, l'amour de la Croix,
La fierté du champ de bataille.

Devant nous dresse l'Espérance,
Rends-nous la Foi, glaive de feu ;
A nos foyers, fais régner Dieu,
Ramène à l'Église, la France.

INDULGENCES

I. **Indulgence Plénière.** — Tous les fidèles pourront gagner une indulgence plénière, aux conditions ordinaires : confession et communion ; en visitant l'église Notre-Dame de Versailles et en priant aux intentions du Souverain Pontife.

II. **Indulgences Partielles.** — 1° Les fidèles peuvent gagner une indulgence partielle de 100 ans, chaque jour du Triduum, en faisant une visite dans ladite église et en y priant aux intentions du Souverain Pontife.

2° Mgr l'Evêque de Versailles accorde 40 jours d'indulgence à l'invocation : « *Bienheureux Diégo Joseph de Cadix, priez pour nous,* » pendant le Triduum et les trois mois qui suivront.

Toutes ces indulgences sont applicables aux âmes du Purgatoire.

www.ingramcontent.com/pod-product-compliance
Lightning Source LLC
Chambersburg PA
CBHW061830060726
47597CB00008B/3429